The

VENICE WITCH

ORACLE

Déjà disponibles
chez le même éditeur :
Ma Litho Box - Sweetheart,
Isabelle Cerf, Johann Chevillard, 2021.
Ma Litho Box - Keep Calm,
Isabelle Cerf, Johann Chevillard, 2021.

Textes de Lili Nguyen.
Illustrations de Lucie Corbasson.
Design par L'Appartement *Parisien*.
Maquette par Bénédicte Souffrant - PCA-CMB.

ISBN : 978-2-492847-00-4

*Ces cartes ont été conçues pour vous guider
uniquement aux niveaux spirituel et émotionnel.
Elles ne se substituent en aucun cas à l'avis
d'un médecin ni à un traitement médical.*

www.editions-tredaniel.com
info@guytredaniel.fr
www.facebook.com/editions.tredaniel
@goodmooddealer

Lili Nguyen
This is Venice

The VENICE WITCH ORACLE

Illustré par Lucie Corbasson

GOOD MOOD DEALER
By EXERGUE

27, rue des Grands-Augustins
75006 Paris

SOMMAIRE

INTRODUCTION

C'est aujourd'hui, alors que vous avez mon (premier) oracle entre les mains, que je comprends ce qu'une grande dame que j'affectionne beaucoup m'avait dit :

« Tout est à sa place. »

Tous ces moments m'ont menée jusqu'à celui-ci. De la traversée du désert en passant par la redécouverte de qui je suis — grâce à des piliers comme l'astrologie et le tarot —, jusqu'à l'abondance d'opportunités incroyables, comme celle de créer mon propre oracle, *The Venice Witch Oracle*, avec Sophie, la merveilleuse team de Good Mood Dealer et l'incroyable Lady Lucie. Elle a su parfaitement retranscrire ce que j'imaginais à travers ses illustrations. Chaque moment du voyage qu'offre la vie vaut vraiment la peine d'être vécu, car il mène à des bonheurs inattendus.

Si vous êtes novice, bienvenue ! C'est un merveilleux monde de spiritualité ancestrale, transmise à travers les générations par enseignement ou par don, qui s'ouvre à vous.

Pour activer la magie, commencez par vous mettre dans la meilleure ambiance possible : un peu de musique qui vous transporte pour le *mood*, des bougies pour éloigner les mauvais esprits... Une fois que vous vous sentez à l'aise, purifiez votre espace — ouvrez la fenêtre, que ce qui doit partir le puisse ! —, vous-même et vos cartes avec de la sauge, de l'encens ou du palo santo par exemple.
Transmettez vos énergies à l'oracle, appropriez-le-vous. Ensuite, pensez fort à votre question, votre situation, ce pour quoi vous interrogez les cartes et, avec intuition et intention, mélangez-les.
Visualisez dans votre esprit la situation ou la personne concernée.
Puis, si une carte n'est pas déjà tombée « toute seule » du paquet, étalez-les devant vous et tirez-en une avec votre main gauche.
Vous pouvez tirer une, deux, trois cartes.

Le livre est là pour vous aiguiller sur la signification de chaque carte, mais laissez votre imagination libre, laissez parler votre intuition, c'est elle qui a la vraie réponse.

Vous pouvez faire un tirage à trois cartes. La première représente la situation, la deuxième le challenge et la troisième le message. Elles peuvent aussi symboliser le passé, le présent et le futur.

La situation
Le passé

Le challenge
Le présent

Le message
Le futur

Vous pouvez les associer avec un tirage de tarot pour avoir plus de réponses. Là aussi sentez-vous libre de créer votre propre langage.

N'oubliez pas que les cartes ne prédisent pas l'avenir, ce sont des messagères pour vous aider à mieux comprendre certaines situations et y voir plus clair quant au rôle que vous devez jouer. Rien ne se passera tout seul, il faudra mettre la main à la pâte !
L'Univers ne vous envoie rien que vous ne puissiez surmonter, et les cartes sont là pour vous le rappeler et vous donner les outils nécessaires pour avancer.

Bon voyage !

Lili Nguyen

LES MESSAGES DES CARTES

1

Le Renouveau

**Une nouvelle vie,
un nouveau départ.
Les choses avancent
et vous avec !**

Cette carte vous annonce un grand changement, celui que vous attendiez, celui que vous méritez. Comme la Lune, la nature, la vie, vous avez laissé mourir une partie de vous-même pour renaître. Vous avez reconstruit vos fondations pour mieux repartir. Vous brillez de plus en plus fort et l'Univers vient vous dire que ce n'est que le début.

2

La Beauté

**Il y a de la beauté
dans toute chose
pour qui veut bien la voir.**

Parfois, notre vision trop étriquée de ce qu'est la beauté nous empêche de voir ce qui a toujours été là, sous nos yeux. Regardez une deuxième fois, et vous verrez toute la beauté de la situation.
Voyez avec votre cœur et avec votre intuition.

3

Le Père

Cette carte représente une figure masculine ou, tout simplement, la part masculine de vous-même.

Elle peut faire ressortir le côté strict de vos actions, mais c'est une figure de force et d'amour. Il n'apparaît pas forcément sous la forme que vous attendiez, mais cet amour est vrai et sincère.
La carte du Père symbolise les valeurs et le sens de la famille. Vous êtes protégé·e par une personne plus âgée qui vous aide à construire les fondations d'un beau futur.

4

L'Intuition

L'Univers vous a envoyé des signes plus voyants les uns que les autres ! Il est temps de vous faire confiance et de vous écouter !

Croyez en vous et en
ce que vous dit votre intuition,
elle vous parle constamment.
Personne ne peut l'entendre à part vous,
c'est elle qui vous met en garde
ou, au contraire, vous aide à agir.
D'ailleurs, à l'instant,
elle vient de vous glisser un mot,
une image, un ressenti par rapport
à la situation, quel était-il ?
Vous avez déjà toutes les réponses
à vos questions, écoutez.

5

L'Empathie

Écouter plutôt qu'entendre.

Cette carte vous demande d'avoir
de l'empathie pour la situation,
que ce soit envers vous-même
ou envers la personne
à qui vous pensez.
Ne soyez pas si dur·e
et voyez plutôt la situation
avec amour et compassion.
Vous aurez toutes les capacités
de l'améliorer.

6

Le Démon

Il est toujours là, quelque part, il rôde.

Il est sombre et fait de toutes les peines et de tous les traumatismes que vous avez vécus. C'est lui, l'attraction inexpliquée qui vous entraîne encore et toujours vers les mêmes situations, les mêmes tentations, les mêmes peurs et les mêmes vices. Plus longtemps vous lutterez, plus il vous montrera tout ce que vous ne voulez pas voir, tout ce que vous avez toujours caché. Mais, aujourd'hui, cette carte est votre *wake up call.* Il est grand temps de lui faire face, car c'est ce qui bloque votre avancée. Un démon n'en reste pas moins un ange, un ange déchu qui prend les pires chemins possible pour vous guider, lui aussi, vers la meilleure version de vous-même. Avec honnêteté, bienveillance et amour, rencontrez-le, comprenez-le. Guérissez cette partie de vous, apprenez à lui pardonner et à cohabiter, car il fait partie de vous, comme toutes ces cicatrices qui font votre histoire.

7

Le Paradis

Welcome to Paradise !

**Célébrez la vie car c'est une pluie divine
de bonnes nouvelles, de réussites, de succès
et d'abondance qui tombe sur vous.
Après la pluie vient le beau temps,
et il s'annonce radieux.
Restez humble et honnête
avec vous-même et avec les autres,
restez aligné·e avec votre cœur
et dans vos actions, remerciez l'Univers
pour tout ce qui vous est cher et regardez…
Vous êtes au paradis
et c'est vous qui l'avez manifesté !**

8

L'Abondance

**Fertilité, prospérité...
Vous avez passé du temps
à labourer votre champ
et vos efforts payent.**

Vous récoltez tous les bienfaits
de ce que vous avez planté.
Vous êtes reconnu·e et apprécié·e
pour ce que vous faites.
« Aide-toi, le ciel t'aidera »
est l'expression qui caractérise cette carte.
L'Univers nous récompense
à hauteur de nos actions,
alors continuez ce que vous faites
parce que ça fonctionne !

9

La Nature

Connectez-vous à la nature.

C'est grâce à elle que nous vivons,
elle nous offre toute sa beauté
et ses bienfaits.
Vous avez besoin d'air et d'espace,
alors sortez, retrouvez
votre âme d'enfant allongé·e
dans l'herbe, juste vous et tous
les bruits d'une vie complètement
différente de la vôtre.
Retrouvez votre place dans l'Univers,
reconnectez-vous avec celle
qui nous porte et qui donne,
jour après jour, pour nous tous.
C'est dans la nature que
vous rechargerez vos énergies.

10

La Porte

Vous êtes maintenant face à plusieurs portes.

Chaque porte représente un choix, une action et une conséquence. Chaque porte est une opportunité ou une leçon. Quotidiennement, nous sommes face à des milliers de portes et chaque décision que nous prenons a un impact sur l'action suivante, chaque porte ouverte offre une nouvelle combinaison de portes et ainsi de suite, comme un effet papillon en somme. Cette carte vous demande de peser le pour et le contre de votre situation, de réfléchir avant d'agir. Prenez le temps de mesurer vos actions, car il n'y aura pas de retour en arrière. Elle vous demande de faire les bons choix, ceux motivés par le cœur et non par l'ego.

11

La Magie

Vous avez une magie unique en vous.

Elle n'appartient qu'à vous
et vous seul·e savez comment
la réveiller et l'utiliser.
Elle est dans votre cœur,
dans votre intuition et
dans vos pensées.
Elle est dans vos actions
et dans tous les petits rituels que vous faites
tous les jours sans vous en rendre compte.
Vos paroles sont des sorts
et vos pensées se manifestent.
C'est un don rare qu'il faut
chérir et utiliser à bon escient
et avec bienveillance.
Cette carte vous demande d'utiliser
votre magie intérieure pour
faire avancer la situation.

12

La Famille

Qu'elle soit de sang ou de cœur, la famille est le centre de la vie.

Quel que soit le chemin que vous empruntez, son départ se trouve toujours au même endroit.
Si vous tirez cette carte, c'est qu'il est temps de vous reconnecter avec votre famille.
Vous avez besoin de retourner à la source de votre vie pour mieux avancer.

13

L'Art

L'art tient une place importante pour vous.

Vous aimez l'art sous toutes
ses formes et c'est à travers lui
que vous vous exprimez le mieux.
La danse, la peinture, la musique,
la sculpture...
Explorez votre côté artistique,
pensez hors du cadre, vous
avez un talent et il est temps
que le monde le voie !
L'Art est une carte de créativité
et d'imagination, elle vous
invite au non-conformisme
et à faire entendre votre voix !

14

Le Miroir

Vous refusez de voir ce qu'il se passe vraiment, vous occultez toute responsabilité qui pourrait découler de vos actions et rejetez toute la faute sur les autres.

Vous êtes complètement détaché·e et persuadé·e par votre ego que vous avez raison, ce qui peut être vrai dans un sens.
Mais l'Univers vous voit, il vous tend un miroir sous la forme d'une personne ou d'une situation afin de vous montrer tel·le que vous êtes vraiment. Est-ce que vous aimez ce que vous voyez ?
Bien souvent, ce que nous reprochons aux autres est en réalité quelque chose que nous nous reprochons à nous-même, et si l'Univers vous apporte ce miroir, c'est qu'il est temps de changer.
Ce n'est qu'en vous regardant honnêtement dedans et en vous confrontant à vous-même que vous évoluerez.

15

L'Apprentissage

Cette carte symbolise l'intelligence et l'ouverture d'esprit.

C'est une carte de travail
et d'objectifs atteints.
Explorez, étudiez, approfondissez
vos connaissances.
Plus vous maîtriserez
votre sujet, moins il sera
facile de vous abattre.
Vous allez bientôt recevoir
des nouvelles ou apprendre
quelque chose.
Tirez-en les leçons nécessaires
et continuez d'avancer.

16

La Mort

Il est toujours difficile de se confronter à la fin.

La fin d'une vie, d'une situation,
d'un travail, d'un amour…
Quelque chose est en train
de mourir symboliquement
et vous avez du mal à le laisser partir.
Mais il est temps,
temps de faire de la place pour laisser
quelque chose d'autre naître.
Vivez vos émotions,
mais ne vous accrochez pas.
Tout arrive pour une raison
et vous êtes exactement là
où vous devez être,
pile à l'heure pour accueillir
les bienfaits que l'Univers
est sur le point de vous envoyer.

17

La Mère

Vous avez le pouvoir infini, la force divine de créer et de donner la vie sous toutes ses formes.

Carte de féminité par excellence,
d'amour sans conditions, la Mère
vous apporte paix, douceur et vous
procure la sensibilité nécessaire
pour améliorer votre situation.
Vous donnez beaucoup de vous-même,
mais ne vous perdez pas en chemin.
Protégez votre cœur comme
vous protégez les autres.
Une femme plus âgée vous
apportera de précieux
conseils en agissant comme
un mentor pour vous.

18

La Nuit

C'est dans la plus sombre des nuits que brille la plus belle étoile.

Parfois, la vie nous plonge dans une nuit noire, douce ou tourmentée. Cela est cependant nécessaire pour nous faire repartir du bon pied, sur de bonnes bases, comme après une longue nuit de sommeil. Plus grandes sont les peines et les déceptions, plus grandes encore seront les récompenses et la joie, si tant est que vous soyez prêt·e à faire le chemin pour y arriver. N'ayez pas peur et avancez, éclairé·e par votre propre lumière intérieure. Plus vous avancerez vers votre vérité, plus vos actions seront alignées avec qui vous êtes vraiment, et plus vous brillerez fort et le Soleil reviendra enfin.

19

Les Guides

Parlez à vos guides, célébrez-les, demandez-leur conseil, car ils ont pavé le chemin avant vous.

Ils vous protègent et vous guident à chacun de vos pas, à chaque décision que vous prenez.
Ils sont vos ancêtres et vos anges gardiens.
Ils sont dans les oiseaux que vous voyez voler, dans le papillon de nuit qui vient d'entrer par votre fenêtre, dans cette chanson qui passe à la radio. Ils vous envoient les signes que vous demandez.
Regardez avec votre troisième œil et vous verrez.

20

Le Feu

**Un feu ardent brûle en vous,
un feu de vie, d'enthousiasme,
de passion et d'amour.**

Il brûle de tout ce qui vous
anime et qui vous fait
vous sentir vivant·e.
Mais un feu comme
le vôtre ne peut être nourri
par des émotions comme la peur,
la colère ou la jalousie car,
mal maîtrisé, il pourrait
entraîner beaucoup de dégâts.
Utilisez-le à bon escient,
continuez de danser avec lui
sans qu'il ne vous consume !

fierce

21

Le Courage

Vous gardez un œil sur le passé, pour ne pas oublier d'où vous venez et tout le chemin que vous avez parcouru, et un œil sur le futur et tout ce que vous souhaitez encore entreprendre et réaliser.

Entre les deux,
dans le présent, vous êtes là.
Il vous faut seulement attraper
votre courage à deux mains
et vous lancer, pas à pas.
Obstacles ou gros coup de pouce,
la chance favorise les courageux.
Alors lâchez le mental
et allez-y au culot !

22

La Chance

**Tenez-vous prêt·e,
car vous pourriez bien
recevoir un petit coup
de pouce de l'Univers !**

Saisissez cette opportunité
car vous l'avez provoquée
grâce à votre travail
et à vos pensées et actions positives.
Comme un cadeau tombé du ciel
alors ouvrez grand vos trois yeux !

23

Les Voyages

Le moment est venu d'aller voir ce qu'il se passe ailleurs !

Il est temps de sortir
de votre zone de confort,
car c'est en voyageant que
vous trouverez votre réponse.
Seul·e ou accompagné·e, à l'autre
bout du monde ou à deux pas
de chez vous, partez, rencontrez,
découvrez, apprenez, partagez.
Les voyages vous laissent
des souvenirs et des expériences
inestimables humainement
et émotionnellement.
Un voyage va être déterminant
pour la suite de votre vie.

24

L'Enfant

Votre âme d'enfant demande à s'exprimer !

Souvenez-vous de vos rêves
et de votre façon de voir la vie,
souvenez-vous de tout ce que vous vouliez
accomplir lorsque vous étiez enfant.
À quel point votre réalité actuelle
est-elle différente ?
La vie et vos expériences personnelles
ont peut-être creusé un fossé entre vous
et vos aspirations, alors rapprochez-vous
de votre enfant intérieur.
L'un de vos rêves d'enfance, celui auquel
vous tenez le plus, pourrait bien se réaliser !
Cette carte annonce une naissance, qu'elle
soit littérale ou figurée. Quelque chose est
en train de naître en vous. Préparez sa venue
afin d'avoir toutes les ressources et les
connaissances nécessaires pour l'accueillir.

25

Les Ami·e·s

Les ami·e·s sont la famille que l'on choisit.

Ce sont des piliers dans votre vie sur qui vous pouvez vous reposer lorsque ça ne va pas. Ils vous connaissent comme personne, vous soutiennent et vous aiment pour qui vous êtes. N'hésitez pas à leur demander conseil, car ils sont là pour vous. Ils n'ont pas croisé votre chemin par hasard et chaque relation amicale vous en apprendra un peu plus sur vous-même (et *vice versa* !). Cette carte est une carte de loyauté, de sororité, de fraternité, de communauté et de bienveillance. Elle vous invite à écarter les personnes négatives, mal intentionnées, les faux amis et ceux qui profitent de votre gentillesse afin de laisser place à ceux qui la méritent vraiment.

26

Le Bonheur

Avec le temps, la vie, l'expérience, nous avons souvent enfermé le bonheur dans une idée bien définie de ce qu'il doit être ou devrait nous faire ressentir.

Mais la vie aime nous jouer des tours pour nous permettre de toujours évoluer. Parfois, le bonheur ne ressemble pas vraiment à ce à quoi nous nous attendions ou à ce que nous avions imaginé, mais il est indéniablement là et il ne faut surtout pas passer à côté. Il a mille visages et mille odeurs, il est mille endroits et mille saveurs. Le bonheur est là, au fond de vous, il est ce que vous faites de chaque situation et de chaque moment, où que vous soyez. Peut-être que la situation ne vous semble pas heureuse, mais du bonheur lui est associé, de la joie et de la paix en émanent. Ouvrez les portes de vos idées et voyez, le bonheur est juste là !

27

La Dualité

La vie est une dualité permanente.

Comme le Yin et le Yang, il faut la juste pointe d'ombre dans la lumière, et la juste pointe de lumière dans l'ombre, afin de trouver l'équilibre parfait. Il faut du mauvais pour apprécier le bon, et du bon pour comprendre le mauvais. Il faut la juste pointe de masculinité dans votre féminité et inversement, et cela s'applique pour tout ! Trop ou pas assez de l'un ou l'autre et tout est déséquilibré, plus rien ne fonctionne ! Cette carte vous indique que la situation doit être équilibrée. Entre le noir et le blanc, il y a le gris, ce terrain d'entente, neutre, qui mêle un peu des deux. Prenez du recul pour analyser la situation puis agissez tout en étant aussi juste, réfléchi·e et équilibré·e que possible.

28

L'Amour

**L'amour a toutes les formes,
toutes les couleurs,
tous les genres et tous les âges.**

L'amour se vit avec le cœur
et se ressent avec l'âme.
L'amour est honnête, inconditionnel
et loyal. L'amour se partage
à l'infini, et c'est pour cette raison
que cette carte vous a choisi·e.
Vous avez un grand cœur
et la situation demande beaucoup
d'amour, pour vous-même
ou pour quelqu'un d'autre.
Elle annonce également un nouvel
amour pour les célibataires
et l'assurance d'un amour sincère
et partagé si vous êtes en couple.

29

L'Évolution

La chenille est sur le point de devenir papillon.

Le chemin a été long
mais vous y êtes parvenu·e.
Vous allez franchir une étape
de plus vers la meilleure version
de vous-même, celle que vous
avez choisie d'être avant
de vous incarner sur cette
terre et dans cette vie.
Vous évoluez de manière
positive en travaillant sur vous-
même et pour vous-même.
Continuez, car le moment
est enfin venu de déployer
vos ailes et de laisser le monde
admirer toutes vos couleurs !

30

La Maison

Home is where the heart is.

Cette expression, qui signifie
« la maison est là où se trouve le cœur »,
représente parfaitement cette carte
qui apparaît dans votre tirage.
Peu importe où vous êtes
dans le monde, votre maison
est en vous et en ceux que
vous aimez et qui vous font
vous sentir comme chez vous.
Vous allez déménager et fonder
les prémices d'un beau foyer.
Ce sera un endroit que vous
adorerez et où vous vous
sentirez enfin à la maison,
là où vous devez être.

31

La Célébration

Celebrate good times, COME ON !!

Célébrez toutes les victoires,
minuscules ou immenses,
célébrez-vous, la vie, vos ami·e·s,
votre famille, tout ce qui vous fait
du bien et vous rend heureux·se.
Amusez-vous, aimez, chantez, dansez,
c'est une carte de fête et de plaisir.
C'est aussi une carte
de célébration officielle !
Un mariage, une naissance,
un diplôme, une maison...
Mettez le champagne au frais,
car vous avez des choses à fêter !

32

La SUPERSTAR

Il y a une étoile qui brille pour chacun·e de nous dans le ciel.

Parmi toutes, il y a une super étoile qui brille plus que les autres, et c'est la vôtre. Cette carte vous indique que vous êtes né·e sous une bonne étoile. C'est elle qui vous guide et vous protège. Elle répond à la situation avec un grand « OUI ! ». Quelle que soit la question posée, votre étoile vous indique que c'est le chemin à prendre, allez-y de toute votre flamboyance, car vous êtes une superstar !!

33

Le Monde est à toi

Le monde entier s'offre à vous, tout est possible !

Tout ce que vous touchez devient or,
tout ce que vous entreprenez
vous réussit. C'est un monde
d'abondance et de prospérité
qui se présente à vous.
Profitez du moment présent,
remerciez, laissez-vous subjuguer
par toutes ces merveilles
qui n'attendent que vous.
Vous méritez le monde,
et bien plus encore.
Alors, allez-y, n'ayez pas peur,
car c'est avec honnêteté, honneur
et volonté que vous en êtes arrivé·e là.
Bravo !